만화로 배우는 기후 이야기

폭풍우 치는 날

발렌티나 캄비 글 마르티나 날디, 포스토 치오도니 그림 박정화 옮김

이제 여러분도
'지구를 사랑하는 친구들'
모임의 회원이에요!

차 례

등장인물	4
1. 야호, 캠핑이다!	6
2. 폭풍우 몰아친 날	16
3. 눈앞에 닥친 위험	26
4. 이건 재앙이야!	36
5. 지구를 사랑하는 친구들	46
더 알아볼까요?	57
구름을 만들어 봐요!	58
놀라운 사실과 기록	60
퀴즈로 기억해요	64
정답	66
용어 사전	68

| 등장인물 |

닐

닐은 영국에서 태어났어요. 가끔 감정 변화가 심하지만 활기차고 재치 있어요. 닐은 유전병 때문에 휠체어를 타요. 닐이 가장 관심을 쏟고 있는 것은 세계 기록이에요. 그래서 닐은 14세기 영국에서 시작된 모자 종류인 플랫 캡을 100개 이상 모았다는 세계 기록을 세웠답니다. 덕분에 매일 다른 모자를 써요.

글로리아 이모

글로리아 이모는
과학 선생님이고 아는 것이 많아요.
조카 닐 그리고 닐의 친구들과 함께
모험을 즐깁니다!
글로리아 이모는 호기심 많고
활발한 강아지 릴리와
어디든 함께 간답니다.

아킨

아킨은 현재 뉴욕에 살고 있지만 엄마 아빠는 나이지리아 사람이에요. 나이지리아어로 '용감함'을 뜻하는 자신의 이름처럼 아킨은 씩씩하지만 아주 가끔은 그렇지 않기도 해요. 판타지 동화를 좋아하고 그림을 아주 잘 그려서 항상 공책을 가지고 다녀요. 종종 새로운 모험에 대한 꿈을 꿔요.

진경

진으로 불리는 진경은 대한민국에서 태어났어요. 진은 K-pop(대한민국 대중가요)을 좋아하고 코딩 분야에서 매우 뛰어나며 특히 각종 게임을 좋아해요. 아빠와 함께 '로보 진'이라는 다정하고 귀여운 반려 로봇을 만들었어요.

플로르

플로르는 스페인에서 태어났어요. 자연을 사랑하며 커서 생물학자가 되고 싶어 해요. 온화한 성격이지만 가끔 고집스러울 때도 있어요. 한번 머릿속에 아이디어가 떠오르면 그 어떤 것도 플로르를 방해할 수 없답니다.

지구를 사랑하는 친구들 (지사친)

닐, 아킨, 진, 플로르는 '지구를 사랑하는 친구들 (줄여서 지사친)'이라는 모임을 만들었어요. 지사친은 앞으로 지구를 지키기 위해 열정적으로 노력할 거예요. 그러려면 지구의 놀라운 비밀과 지구의 과학적 원리를 알아야만 해요! 여러분도 함께할 거죠?

1. 야호, 캠핑이다!

어느 멋진 여름날, 닐과 진은 글로리아 이모와 함께 호숫가로 캠핑을 갔어요.

너무 기대돼요! 저 텐트에서 자는 거 처음이거든요.

저도요, 정말 신난다!

얘들아, 정말 재미있는 주말이 될 것 같지 않니?

텐트는 설치와 분해가 쉬운 작은 천막이에요.

이런!

휘리릭~

왈왈왈

다시 말하지만 설치와 분해가 쉬워요!

칸 샤티르

카자흐스탄 아스타나에 세계에서 가장 큰 텐트가 있어! 높이가 약 152m에 면적은 14만 m^2나 된대.

텐트 안에 실내 해변과 워터파크도 있어

어디 텐트에 대해 좀 찾아볼까?

정말 놀라운데!

기압은 고도와 온도, 습도에 따라 지대별로 달라. 예를 들면, 고도가 높은 산악 지대처럼 높은 곳에서는 산소 농도가 희박해 공기가 가벼워져 기압이 낮아진단다.

온도가 올라가도 기압은 낮아져. 따뜻한 공기는 가벼우니 공기 무게의 압력인 기압이 낮아지는 거지. 마찬가지로 습도가 높으면 수증기가 많은 공기가 건조한 공기보다 가볍기 때문에 기압이 낮아져.

이러한 기압의 차이로 인해 바람과 같은 수많은 대기 현상이 발생해요. 바람은 공기가 무거워 아래쪽으로 이동하는 고기압 지역에서 공기가 가벼워 위로 올라가는 저기압 지역으로 공기가 흐를 때 발생하지요.

고기압일 때는 일반적으로 날씨가 좋고 하늘이 맑아요.

공기가 아래쪽으로 이동하면서 생성된 기압으로 인해 공기의 흐름이 분산되면 구름이 흩어지기도 해요.

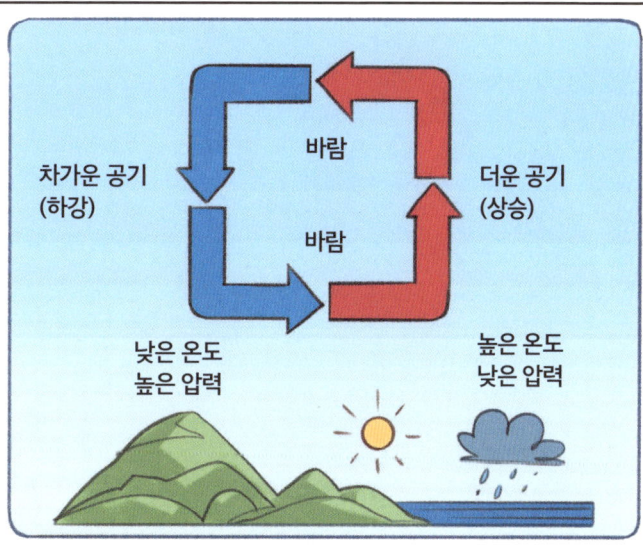

저기압일 때는 날이 흐리고 비나 눈이 올 수 있어요. 더운 공기가 상승하면서 구름, 폭풍 등을 만들죠.

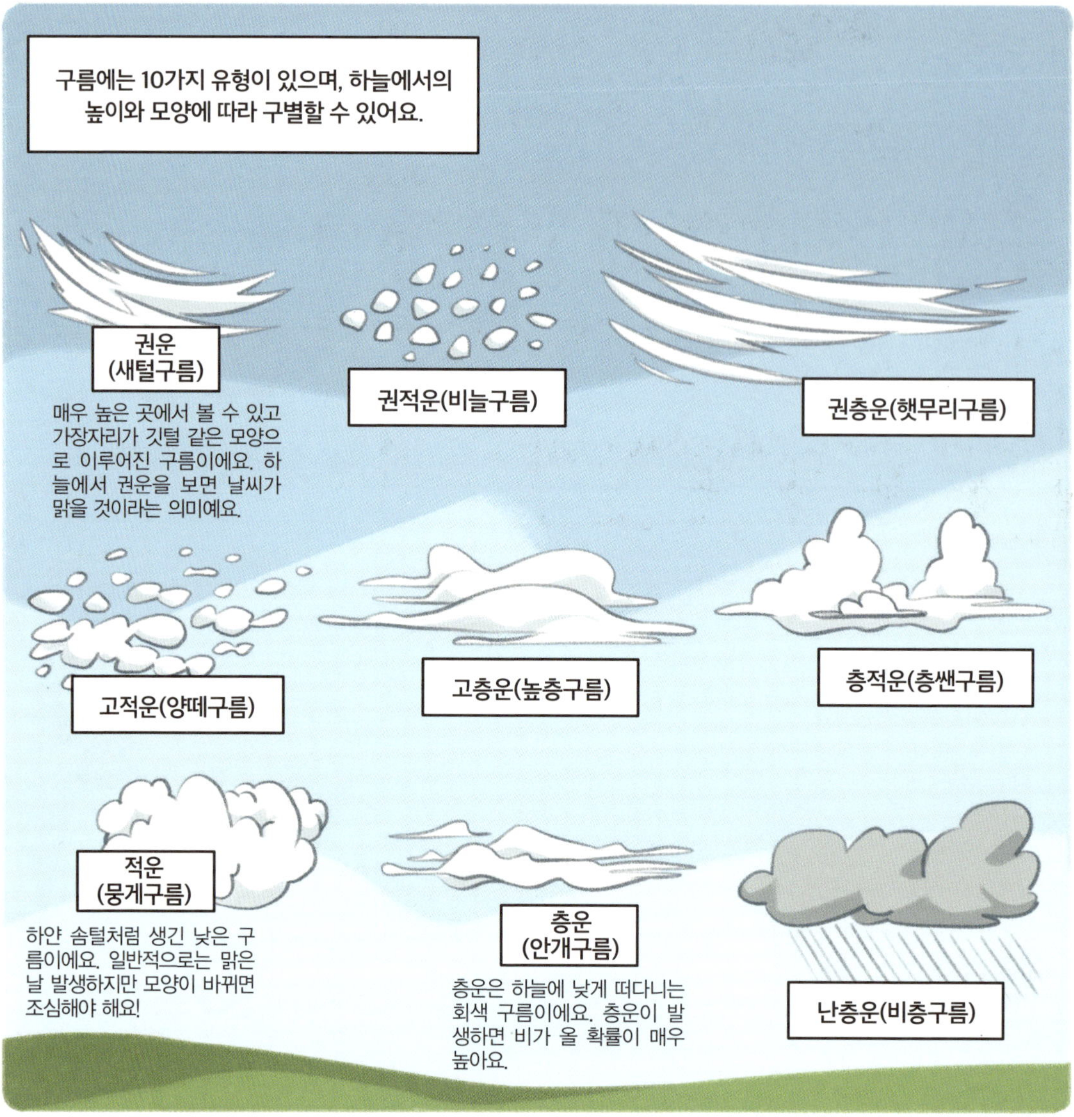

구름에는 10가지 유형이 있으며, 하늘에서의 높이와 모양에 따라 구별할 수 있어요.

권운 (새털구름)
매우 높은 곳에서 볼 수 있고 가장자리가 깃털 같은 모양으로 이루어진 구름이에요. 하늘에서 권운을 보면 날씨가 맑을 것이라는 의미예요.

권적운(비늘구름)

권층운(햇무리구름)

고적운(양떼구름)

고층운(높층구름)

층적운(층쌘구름)

적운 (뭉게구름)
하얀 솜털처럼 생긴 낮은 구름이에요. 일반적으로는 맑은 날 발생하지만 모양이 바뀌면 조심해야 해요!

층운 (안개구름)
층운은 하늘에 낮게 떠다니는 회색 구름이에요. 층운이 발생하면 비가 올 확률이 매우 높아요.

난층운(비층구름)

적란운(소나기구름)

적운이 점점 더 커지고 높이 상승하면 적란운으로 변해 천둥 번개를 동반한 비가 내릴 수 있어.

2. 폭풍우 몰아친 날

강아지 릴리는 폭풍이 무서워 숨을 곳을 찾아 달려갔어요.

우르르 쾅

릴리! 거기 서!

왈 왈 왈 왈

이곳은 어디일까요? 오랫동안 버려져 있었던 것 같아요.

여긴 오래된 보트 창고야.

우아, 멋진데요!

여기는 안전할 거예요, 진.

구름 내부에 존재하는 작은 물방울이나 얼음 알갱이가 충돌하면서 전하가 발생해요.

양전하(+)는 위쪽에서 발달하고 음전하(-)는 아래쪽에서 발달해요.

전하가 이동하면서 생기는 위치의 차이로 인해 땅으로, 구름에서 구름으로, 또는 구름 내부로 전류가 흐르는 현상이 번개랍니다.

번개는 전기가 강물처럼 흐르는 것과 같은데 속도가 정말 빨라서 1초에 30만km씩 흐른단다!

구름에서 땅으로

구름에서 구름으로

구름 내부로

번개는 약 3만°C의 온도에 이를 수 있으며, 이는 태양 표면보다 약 5배 더 뜨거운 온도예요!

평균적으로 번개는 약 250kWh의 전기를 내보낼 수 있는데, 이것은 100W 전구를 3개월 이상 연속으로 켤 수 있는 양이에요!

전 세계적으로 매일 약 6백만 번의 번개가 발생한다는 사실을 알고 있어?

우아! 정말 조심해야겠는걸!

 =  =

진, 사실 번개에 맞을 확률은 매우 낮아요. 정확하게 말하면 2억 5천만 분의 1이에요.

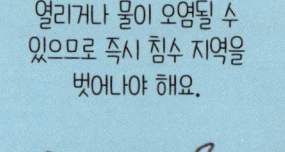

3. 눈앞에 닥친 위험

토네이도요?

맞아, 닐! 지상의 따뜻한 공기와 하늘의 차가운 공기가 만나 상승 기류가 생겨. 이때 기류가 커질수록 회전력이 생기며 토네이도가 일어나 주변의 모든 것을 파괴해 버리지.

토네이도는 바람의 속도와 이로 인해 발생하는 피해에 따라 분류할 수 있어요.

토네이도 분류 등급이 있어?

네, 후지타 등급은 토네이도의 위력을 6단계로 구분해 약함(F0–F1), 강함(F2–F3), 심각(F4–F5)의 3가지 범주로 나눠요. 마지막 심각 단계는 자동차가 공중으로 날아가고, 집들이 파괴되며, 나무가 뿌리째 뽑힐 수 있어요!

F0	F1	F2	F3	F4	F5
시속 64–116 km	시속 117–180 km	시속 181–253 km	시속 254–332 km	시속 333–418 km	시속 419–512 km

1999년 5월 3일 오클라호마에서 토네이도가 발생했는데 시속 499km의 엄청난 바람을 일으켰어!

전문가들이 후지타 등급에 F6 등급을 추가해야 하나 고려할 정도로 강력했대.

26°C 이상의 따뜻한 물은 해수면에서 증발해서 공기를 습하게 하고, 습한 공기는 위로 상승하면서 냉각되어 구름을 형성해요.

습한 공기가 계속 상승하면 바람은 원을 그리며 움직이기 시작하고, '눈'이라고 부르는 태풍의 중심점 주위로 점점 더 많은 구름을 모아요. 태풍의 눈 속에서는 공기가 빠르게 내려가기 때문에 구름 한 점 없는 하늘을 볼 수도 있어요.

구름과 바람의 회오리가 해안까지 도달하면, 해수면이 상승하여 수 킬로미터 연안의 육지가 물에 잠길 수 있어요.

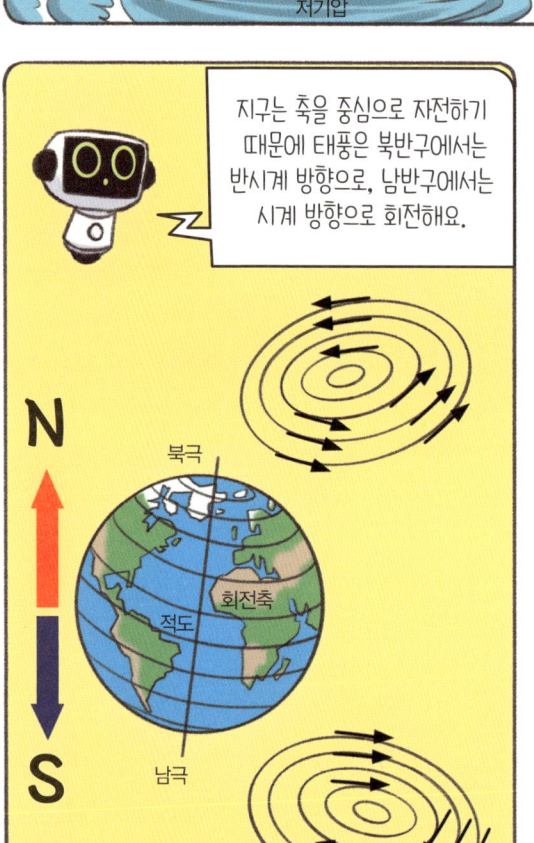

지구는 축을 중심으로 자전하기 때문에 태풍은 북반구에서는 반시계 방향으로, 남반구에서는 시계 방향으로 회전해요.

태풍은 어디에서 형성되는지에 따라 이름이 달라진단다. 인도양과 남태평양 지역에서 발생하면 사이클론이라고 하고, 대서양과 북태평양 지역에서 발생하면 허리케인, 그리고 태평양 지역에서 발생하면 태풍이라고 부르지.

우아!

놀라워요!

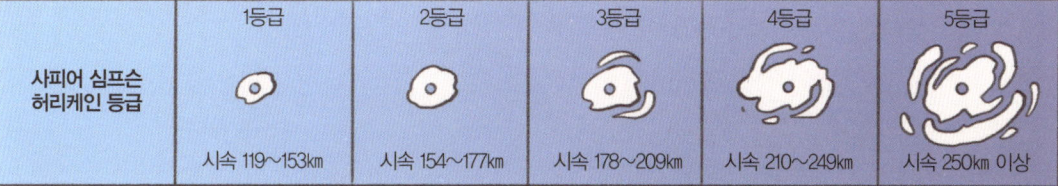

4. 이건 재앙이야!

아킨이 그림을 그렸어요.

우리가 할 수 있는 일은 없나요?

물론 있어. 일상생활에서 물을 절약할 수 있지.

양치질하거나 손을 씻을 때는 수도꼭지를 잠그세요.
과일과 채소는 흐르는 물에 씻지 말고 그릇에 물을 담아 씻고요.
식물에는 물이 덜 증발하도록 해가 진 이후에 물을 주세요.
목욕 대신에 샤워하는 것도 좋은 방법이에요.

5. 지구를 사랑하는 친구들

빙하는 우리에게 매우 중요하단다. 빙하는 지구에서 가장 큰 담수 저장소야. 담수는 염분이 없는 물이란다. 빙하가 녹으면 우리가 먹을 수 있는 물이 바다로 흘러들어가겠지.

그리고 이미 우리가 사용할 수 있는 지구의 담수는 부족한 상태야. 게다가 북극 일부 지역에는 얼어붙은 토양 안에 대량의 메탄이 갇혀 있어. 만일 이 토양이 녹으면서 토양 속에 있던 메탄이 방출된다면 지구 온난화는 더 심각해지겠지.

빙하가 녹으면 어떻게 되는 거죠?

닐은 더 많은 정보를 검색했어요.

2019년에는 그린란드의 빙상이 분당 백만 톤이나 녹았어요. 너무나 마음 아픈 기록이에요!

구름을 만들어 봐요!

구름이 어떻게 만들어지는지 궁금하지 않나요?
실험을 통해 구름의 생성 원리를 이해할 수 있어요.

준비물

얼음 조각
물
접시
냄비 또는 주전자
투명하고 내열성이 있는 그릇

실험 방법

엄마 아빠의 도움을 받아 냄비나 주전자에 물을 채우고 끓여요.

그동안 얼음 조각을 접시에 올려놓아요.

투명한 그릇에 끓인 물을 절반 정도 채운 다음, 얼음 조각이 있는 접시를 뚜껑처럼 그릇 위에 올려놓아요.

잠시 후, 그릇 안에 수증기가 생겨 위로 올라가는 것을 볼 수 있어요. 그게 바로 여러분이 만든 구름이에요!

접시를 들어 올려 보세요. 접시 아래에 물방울이 맺혀 있지요? 접시를 다시 그릇 위에 올려놓고 몇 분 기다린 후 비가 내리는 것을 관찰해 봐요. 물방울이 그릇으로 떨어지는 것을요!

원리 알기

물을 가열하면 수증기로 변합니다. 수증기가 얼음 조각이 있는 접시에 닿으면 온도가 낮아지면서 응결되어 물방울이 만들어집니다. 이 물방울들이 서로 결합하여 더 큰 물방울을 형성하게 되면 무게로 인해 아래로 떨어집니다.

놀라운 사실과 기록

새롭고 놀라운 사실을 좋아하는 닐은 기상 이변 기록에 관해 더 찾아보았어요. 어떤 것들이 있는지 알아볼까요?

믿을 수 없는 우박

1988년 4월, 우박 폭풍이 자주 발생하는 방글라데시에서 역사상 가장 무거운 우박이 떨어졌어요. 무게가 무려 1kg이었죠!
2010년 7월 23일 미국에서는 사상 최대 규모의 우박이 발견되었어요. 지름 20cm, 둘레 46cm, 무게 624g이었답니다.

비의 챔피언

1966년 1월 7일부터 8일 사이에 사이클론 '데니스'는 인도양에 있는 레위니옹섬에 24시간 동안 무려 1m 82cm의 비를 뿌렸어요. 웬만한 성인 남성이 잠길 정도의 폭우였죠.

거대 소용돌이

기록상 가장 높은 토네이도는 2004년 7월 7일 캘리포니아에서 발생했어요. 이 토네이도는 세쿼이아 국립 공원 3.7km 높이에서 만들어졌어요.

화성의 하부브

태양계 네 번째 행성인 화성에는 거대한 먼지 폭풍이 종종 일어나며, 이 폭풍은 때때로 화성 표면 전체로 뻗어 나가기도 해요!

환경을 위한 글로벌 기후 파업

'글로벌 기후 파업'은 전 세계적인 최대 규모의 기후 시위였어요. 2021년 9월에 시작되었으며 그레타 툰베리가 진행한 '미래를 위한 금요일' 운동의 영향을 받았어요. 파업은 일주일 내내 계속되었고, 행진에는 전 세계 160개국 이상에서 약 722만 명의 사람들이 참가했어요!

태양계에서 가장 큰 폭풍

목성 사진을 보면 밝고 어두운 평행 줄무늬와 타원 모양의 대적점을 확인할 수 있어요. 목성의 대적점은 998km² 까지 뻗어 있는 거대한 고기압 폭풍 지대로 적어도 350년 동안 격렬하게 계속되고 있답니다!

세계 온도 기록

세계 최고 기온은 56.7°C로 1913년 7월 10일 캘리포니아 데스밸리의 퍼니스 크릭에서 관측되었고, 세계 최저 기온은 영하 89.2°C로 1983년 7월 21일 남극 보스토크 기상 관측소에서 관측되었어요.

위험에 처한 지구의 허파

2022년 지구의 허파로 불리는 브라질 아마존 열대 우림에서 하루에 약 3,000개의 축구장에 해당하는 10,572km² 이상의 숲이 삼림 파괴로 인해 사라졌어요. 이것은 2015년 이후에 최대치를 기록한 것으로 나타났어요.

가뭄과 싸우는 얼음 피라미드

인도 히말라야산맥의 라다크 사막에서는 기후 변화로 빙하가 빠르게 녹고 있으며, 이로 인해 이미 부족한 이 지역의 물 보유량(연간 강우량이 50ml에 불과함)이 빠르게 감소하고 있어요. 그래서 엔지니어인 소남 왕축은 여름 동안 물을 저장할 수 있도록 겨울에 인공 얼음 피라미드를 만드는 아이디어를 생각해 냈어요. 지역 주민들은 이것을 얼음 사리탑이라고 부른답니다.

무더운 바다

2020년에 지중해 2000m 깊이의 바다에서 기록적으로 높은 온도가 측정되었고, 어마어마한 양(200해 줄)의 열이 발생했어요. 이것은 일 년 동안 밤낮으로 쉬지 않고 작동하는 300억 개의 헤어드라이어가 만들어 내는 열과 같았어요! 지중해는 여름에 매우 더워지는 분지 지형이에요.

가장 높은 물 깔때기

미국이 아닌 곳에서 발생한 용오름은 보통 지름이 수십 미터 정도이며 특별히 높지는 않아요. 하지만 예외도 있어요. 1898년 5월 1일, 호주의 에덴에서 1500m가 넘는 것으로 추정되는 용오름이 발견되었답니다!

특별한 번개

2020년 4월, 세계 기상 기구는 미국 남부에서 가장 긴 번개를 감지했어요. 번개는 텍사스, 루이지애나, 미시시피 3개 주에 걸쳐 768㎞ 규모로 발생했어요. 같은 해 6월, 우루과이와 아르헨티나 국경에서 발생한 번개는 가장 시간이 긴 단일 번개로 17초 이상 지속되었답니다.

퀴즈로 기억해요

날씨에 관해 배운 내용을 다시 한번 기억해 볼까요? 재미있게 문제를 풀면서 내용을 떠올려 보세요! 문제의 내용이 맞으면 O, 틀리면 X에 표시하세요.

	O	X
1. 날씨는 특정 지역의 장기간에 걸친 평균 기상 조건입니다.	☐	☐
2. 대기압은 공기 중의 고도, 온도, 습도에 따라 지대별로 다릅니다.	☐	☐
3. 고기압일 때에는 날씨가 좋지 않습니다.	☐	☐
4. 적란운은 맑은 날씨와 관련이 있습니다.	☐	☐
5. 구름 속에 존재하는 작은 물방울이나 얼음 알갱이가 충돌하면서 전하가 발생됩니다.	☐	☐
6. 뇌우가 몰아치는 동안 차 안에 있는 것은 안전하지 않습니다.	☐	☐
7. 토네이도를 우리나라에서는 용오름이라고 부릅니다.	☐	☐

	O	X
8. 후지타 등급은 사이클론 강도를 분류합니다.	☐	☐
9. 사이클론의 중심을 '눈'이라고 부릅니다.	☐	☐
10. 하부브는 매우 위험한 눈보라입니다.	☐	☐
11. 기온이 높고 오랫동안 비가 내리지 않으면 가뭄이 발생합니다.	☐	☐
12. 온실 효과가 없다면 지구의 온도는 15°C가 될 것입니다.	☐	☐
13. 대기 중의 일부 기체는 온실의 유리와 같은 역할을 해서 지구 표면에서 우주로 방출되는 태양 에너지의 일부를 가두어 둡니다.	☐	☐
14. 소와 양은 음식을 소화할 때 많은 메탄가스를 생성합니다.	☐	☐
15. 기후 변화는 기상 이변을 더 심각하게 만듭니다.	☐	☐
16. 파리 협정의 목표는 지구 평균 온도를 영하 14°C 이하로 유지하는 것입니다.	☐	☐

정답

1. **X**
   이것은 기후의 정의입니다. 날씨는 짧은 기간 동안 나타나는 특정 장소의 대기 상태를 말합니다.

2. **O**

3. **X**
   보통 고기압일 때는 날씨가 좋고, 저기압일 때는 날씨가 좋지 않습니다.

4. **X**
   적란운은 흐린 날씨와 관련이 있고 권운은 맑은 날씨와 관련이 있습니다.

5. **O**

6. **X**
   뇌우가 발생하면 자동차가 번개에 맞아도 외부의 전하로부터 내부를 보호하기 때문에 안전합니다.

7. **O**

8. **X**
   후지타 등급은 토네이도의 강도와 그로 인한 피해의 범위를 분류합니다. 사피어-심프슨 허리케인 등급이 사이클론의 강도를 분류합니다.

9. **O**

10. **X**
    하부브는 강력한 모래 폭풍입니다.

11. **O**

12. **X**
온실 효과 덕분에 지구의 온도는 평균 15°C로 유지됩니다. 만일 온실 효과가 없다면 지구의 온도는 약 영하 18°C로 내려갈 것입니다.

13. **O**

14. **O**

15. **O**

16. **X**
파리 협정의 목표는 지구 평균 온도를 2°C 이상 상승하지 않도록 하는 것입니다.

용어 사전

가뭄
비가 내리지 않고 아주 오랫동안 메마른 날씨가 지속되는 상태

구름
공기 중의 수분이 엉기어서 미세한 물방울이나 얼음 결정의 덩어리가 공중에 떠 있는 것

기상학자
기상학을 전문적으로 연구하는 과학자

기상학
지구 대기와 날씨에 영향을 미치는 물리적 현상을 연구하는 학문

기압계
기상학에서 대기압을 측정하는 데 사용하는 도구

기후
최소 30년 동안의 오랜 기간에 걸쳐 특정 지역에서 나타나는 평균 기상 조건

기후 변화
인간 활동으로 발생하는 지구 기후의 변화를 말한다. 예를 들어 온실가스가 증가해 발생한 지구 온난화 같은 현상이다.

날씨
짧은 기간 동안 특정 장소의 대기 상태

뇌우
천둥과 번개를 동반한 비

담수
강이나 호수 따위와 같이 염분이 없는 물

대기
지구 표면을 둘러싸고 있는 기체로, 총칭하여 공기라고 한다. 대기를 이루는 주요 기체로는 질소, 산소, 수증기 및 이산화 탄소가 있다.

대기압
지구를 둘러싼 대기가 지구 표면의 모든 부분에 가하는 무게. 즉 대기에 의해 나타나는 압력을 말한다. 고도, 온도 및 습도에 따라 지대별로 높거나 낮을 수 있다.

메탄
늪이나 습지의 흙 속에서 유기물의 부패와 발효에 의하여 생기는 기체로 소와 양이 음식을 소화시키며 만들어 내기도 한다.

번개
구름과 구름, 구름과 땅 사이에서 전류가 흘러 번쩍이는 현상

복사열
열복사로 방출된 전자기파가 물체에 흡수되어 그 물체를 뜨겁게 하는 에너지. 지구가 태양으로부터 받는 열이나 적외선 따위이다.

빙상
대륙의 넓은 지역을 덮는 빙하. 현재는 남극 대륙이나 그린란드에서만 볼 수 있다.

사피어-심프슨 허리케인 등급
열대성 저기압의 강도를 분류하는 기준

온실가스
공해 때문에 증가되어 온실 효과를 일으키는 가스. 이산화 탄소, 메탄 등을 말한다.

용오름
육지나 바다에서 일어나는 맹렬한 바람의 소용돌이. 우리나라에서는 토네이도를 용오름이라 부른다.

이산화 탄소
화석 연료나 나무를 태울 때 발생하는 기체이며 인간, 동물, 식물이 호흡을 통해 내뱉는 기체이기도 하다.

지구 온난화
대기 중에 있는 온실가스의 증가로 인해 지구의 평균 기온이 상승하는 현상

화석 연료
땅속에 묻힌 식물과 동물의 잔해가 수백만 년에 걸쳐 화석같이 굳어져 형성된 가스, 석유, 석탄과 같은 연료

홍수
비가 많이 와서 물이 범람하는 현상

후지타 등급
토네이도의 강도와 그로 인한 피해의 범위를 분류하는 척도

천둥
벼락이나 번개가 칠 때 대기가 요란하게 울리는 소리

토네이도
미국, 유럽, 동북아시아 등 온난 지역의 여름에 주로 발생하는 강력한 바람의 일종이다. 주로 적란운이 강력하게 회전하며 지면을 향해 내려올 때 발생한다.

사이클론
인도양과 남태평양 지역에서 발생하는 강력한 열대성 저기압을 부르는 말로 저기압 지역 주위에 소용돌이 폭풍을 생성한다.

수증기
물이 가열된 후 증발하면서 형성되는 기체 형태의 물

전하
물체가 띠고 있는 정전기의 양으로 전하가 이동하는 현상이 전류이다.

피뢰침
번개나 벼락의 피해를 막기 위하여 건물의 가장 높은 곳에 세우는, 끝이 뾰족한 금속 막대기

제방
물가에 흙이나 돌, 콘크리트 따위로 쌓은 둑. 홍수나 해일에 물이 넘어 들어오지 못하게 하거나 물을 막아 저장한다.

하부브
중북부 아프리카, 중동, 호주 그리고 미국 남서부의 사막 지역 등 전 세계의 건조 지대에서 발생하는 강력한 모래 폭풍

여러분도 이제 우리 모임의 회원이에요! 지구를 사랑하는 친구들!

만화로 배우는 기후 이야기
폭풍우 치는 날

발렌티나 캄비 글 · 마르티나 날디, 포스토 치오도니 그림 · 필리포 조르지 감수 · 박정화 옮김

처음 펴낸날 2024년 7월 25일
펴낸이 · 김금순
펴낸곳 · 디엔비스토리(바나나북)
출판등록 · 제2013-000080호
주소 · 서울 광진구 천호대로 709-9 음연빌딩 2층
전화 · (02)716-0767   팩스 · (02)716-0768
이메일 · ibananabook@naver.com
블로그 · www.bananabook.co.kr

learn with comics
wild weather

WSkids
WHITE STAR KIDS

WS White Star Kids® is a registered trademark property of White Star s.r.l.
(year of the original edition) White Star s.r.l.
Piazzale Luigi Cadorna, 6
20123 Milan, Italy
www.whitestar.it

Learn With Comics: WILD WEATHER by Valentina Cambi
Copyright © 2023 White Star s.r.l.
All rights reserved.

Korean translation copyright © 2024 DNB Story Co. Bananabook
Korean translation rights are arranged with White Star s.r.l. through AMO Agency.

이 책의 한국어판 저작권은 AMO 에이전시를 통해 저작권자와 독점 계약한 디엔비스토리(도서출판 바나나북)에 있습니다.
신 저작권법에 의해 한국 내에서 보호를 받는 저작물이므로 무단 전재와 무단 복제를 금합니다.
KC마크는 이 제품이 공통안전기준에 적합하였음을 의미합니다.

ISBN 979-11-88064-47-2 74450

● 바나나북은 크레용하우스의 임프린트이며 디엔비스토리의 아동 · 청소년 브랜드입니다.

발렌티나 캄비 글

이 책의 등장인물 및 스토리 창작, 대본 및 텍스트 작성, 미술 감독, 레이아웃 관리 및 편집을 했어요. 소설과 영화를 위한 글쓰기 및 제작 관련 석사 학위와 언어학 박사 학위를 갖고 있어요. 작가, 시나리오 작가, 예술 감독, 그래픽 편집 코디네이터와 번역가로 일하고 있어요.

마르티나 날디, 포스토 치오도니 그림

필리포 조르지 감수

기후 변화 전문가이자 지구와 사회에 기후 변화가 미치는 영향에 관해 연구하는 국제 전문가예요. 2002년부터 2008년까지 2007년 노벨 평화상을 수상한 환경 운동가 앨 고어와 함께 일했어요. 현재 이탈리아 트리에스테에 있는 국제 이론 물리 센터의 지구 물리학 부문 국장으로 일하고 있어요.

박정화 옮김

단국대학교 대학원에서 영문학을 전공하고 동대학원에서 영문학 박사 학위를 받았어요. 현재 단국대학교에서 강의를 하면서 어린이책 번역가로 활동하고 있어요. 옮긴 책으로 『시니 소마라 박사가 들려주는 직업 이야기 시리즈』『돌아온, 할머니는 도둑』『물은 소중해요』『플라스틱은 왜 지구를 해칠까요?』 등이 있어요.

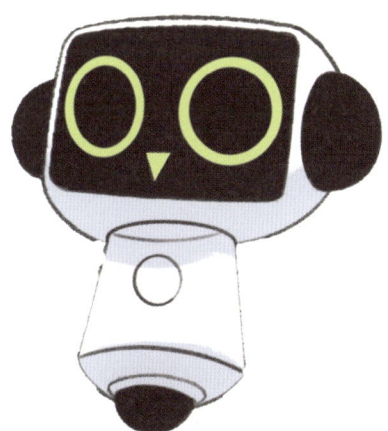